AF454222

VENTE A PARIS

Le Samedi 15 Juin 1912

Hôtel Drouot, Salle N° 11

COLLECTION DE M. F. J. PALLEY

Monnaies & Médailles

SUISSES

COMMISSAIRE-PRISEUR :
Mᵉ Émile BOUDIN
14, RUE DE LA GRANGE-BATELIÈRE

EXPERT :
M. Étienne BOURGEY
7, RUE DROUOT, 7

PARIS

ADRESSE TÉLÉGR. ÉTIENBOURG-PARIS

Monnaies & Médailles

SUISSES

VENTE AUX ENCHÈRES PUBLIQUES

A PARIS, HÔTEL DES COMMISSAIRES-PRISEURS, RUE DROUOT, 9

SALLE N° 11, AU PREMIER ÉTAGE

Le Samedi 15 Juin 1912

A DEUX HEURES PRÉCISES

EXPOSITION PUBLIQUE UNE HEURE AVANT LA VENTE

COMMISSAIRE-PRISEUR :	EXPERT :
Mᵉ Emile BOUDIN	M. Etienne BOURGEY
14, Rue de la Grange-Batelière	7, rue Drouot, 7

PARIS

ADRESSE TÉLÉGR ÉTIENBOURG-PARIS

Exposition particulière

Le Vendredi 14 Juin 1912, chez M. Etienne BOURGEY, expert, 7, rue
Drouot. (Téléphone 274-64).

Exposition publique :

Le Samedi 15 Juin 1912, Hôtel des Ventes, Salle 11, une heure
avant la vente.

———

La vente aura lieu au comptant.

Les acquéreurs paieront dix pour cent en sus des enchères.

M. Etienne BOURGEY, 7, rue Drouot, se charge d'exécuter les
commissions qui lui seront confiées.

L'ordre du catalogue sera suivi. L'expert se réserve le droit de diviser
ou de réunir les lots.

———

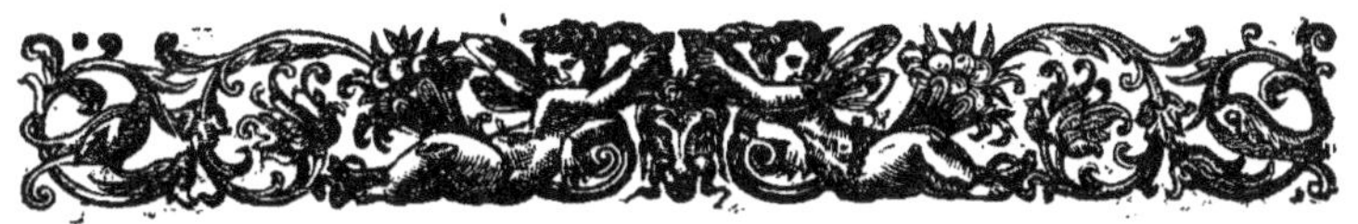

MONNAIES ET MEDAILLES
SUISSES

1 **République helvétique.** *Double doublon.* HELVETISCHE REPU-
BLIK. Suisse debout à droite, élevant un drapeau.
℞. 32 FRANKEN 1800 dans une couronne de chêne. Or. TB.

2 *Doublon.* Mêmes types avec 16 FRANKEN 1800. Or. TB.

3 *40 batz.* HELVET REPUBL. Suisse debout. 1798. ℞. 40 BATZEN.
B. dans une couronne de chêne. Arg. AB.

4 Variété avec le différent s. Arg. TB.

5 *4 franken.* Suisse à g. présentant un drapeau. 1801.
℞. 4 FRANKEN. B. dans une couronne. Arg. TB.

6 *10 batz,* 2 p. *5 batz,* 7 p. Arg. *1 batz,* 5 p. *1/2 batz,* 14 p.
1 rappen, 7 p. Bill. — Ens. 35 p. B.

7 **Confédération suisse.** *Essai de 20 francs* de Wiener. 1873.
Trois points. Or. TB.

8 *20 francs.* CONFŒDERATIO HELVETICA. Tête diadémée à g. 1883.
Or. TB.

9 La même pièce. Or. TB.

10 Autre, datée 1886. Or. TB.

11 Autre, datée 1895. Or. TB.

12 HELVETIA. Buste de jeune fille à g. ℞ 20 — FR. 1897. Or. TB.

13 *5 francs.* Type de la femme assise. 1850. Arg. — Ens.
2 p. TB.

14 Autres de 1851. Arg. — Ens. 3 p. TB.

15 Autres : 1855, 1873, 1874 (2 p.) Arg. — Ens. 4 p. TB.

16 *2 francs.* 1850, 1860. *Franc.* 1851, 1861 (2 p.). *1/2 franc.*
1850. Arg. *20, 10 et 5 rappen.* 9 p. Nickel. *2 et 1 rappen.*
3 p. Cuivre. — Ens. 18 p. TB.

17 *Essai de 2 francs* par Bovy. Croix dans un quadrilobe
entouré d'étoiles. ℞. 2 FRANCS 1860 dans une couronne.
Arg. TB.

18 *5 francs*. Tête à g. 1888, 1889, 1890. Arg. — Ens. 3 p. B.
  et TB.

19 *2 francs*. Femme debout 1886, 1894. *Franc.* 1887, 1894.
  1/2 franc. 1894. Arg. *20, 10, 5 rappen*. Nickel. — Ens.
  8 p. TB.

20 **Zurich**. *Double ducat*. Ecu tenu par 2 lions contournés.
  ℞. IVSTITIA ET CONCORDIA. 1776 sur un cartouche fermé au
  bas par 2 cornes d'abondance. Or. TB.

21 *Ducat*. Même lég. Ecu tenu par un lion contourné. ℞. Le
  précédent, daté 1775. Or. B.

22 *Quart de ducat*. Ecu tenu par un lion. 1712. Or. B.

23 *Thaler*. Trois écus sous une couronne tenue par 2 lions.
  1559. ℞. + DNE SERVA NOS IN PAC. Ecu de la ville, le tout
  dans un cercle de 9 écussons. Arg. TB.

24 Variété. Deux points avant DNE. Arg. TB.

25 Ecu de la ville surmonté du globe crucigère, sous une couronne tenue par 2 lions. ℞. Double aigle éployée.
  Arg. TB.

26 MAIORVM LIBERTATI TVENDÆ. Lion contourné tenant l'écu de
  Strasbourg. ℞. Dans le champ : FOEDER. CVM. TIGVRI. ET.
  BERNAT. INITI HOC. MNHMOZINON. 1588. en 7 lignes. Arg.
  TB. Rare.

27 MONETA REIPVBLICÆ TIGVRINÆ. Deux lions tenant l'écu de
  Zurich. ℞. DOMINE. etc. Vue de la ville. 1722. Arg. B.

28 Même lég. Lion à g. tenant l'écu. ℞. Le précédent, daté
  1732. Arg. TB.

29 Même pièce de 1736 et de 1745. Arg. — Ens. 2 p. TB. et B.

30 Autres de 1753. Arg. — Ens. 2 p. B.

31 Autres de 1758 et 1761. Arg. — Ens. 2 p. TB.

32 Ecu enguirlandé. ℞. DOMINE. etc. Vue de la ville. 1790. Arg.
  — Ens. 2 p. TB.

33 Même droit. ℞. XI AUF I FEINE MARK. 1783 dans une guirlande.
  Arg. TB.

34 Variété avec 1796. Arg. TB.

35 CANTON ZURICH. Ecu ; au bas, 40 BATZ. ℞. DOMINE. etc. 1813.
  Arg. — Ens. 2 p. B. et TB.

36 Deux autres exemplaires 1813. Arg. FDC.

37 *Demi-thaler*. Ecu tenu par 2 lions. ℞. DOMINE. etc. 1647 dans
  un cartouche. — Variété de 1652. Arg. — Ens. 2 p. B.

38 Lion soutenant l'écu. ℞. LASSEN DIE KINDLIN ZU MIR KOM : DAN
   IHREN IST DAS RYCH GOTTES dans une couronne. Arg. B.

39 Lion tenant l'écu. ℞. TIGURUM. Vue de la ville. 1720 et 1721
   (2 p.).Arg. — Ens 3 p. TB.

40 Autres de 1743 (2 p.) et 1745. Arg. — Ens. 3 p. B. et TB.

41 Autres de 1751 et 1758. Arg. — Ens. 2 p. B et TB.

42 Autres de 1768. Arg. — Ens. 2 p. B. et TB.

43 Même droit. ℞. DOMINE. etc. 1673 sur un cartouche. —
   Variété de 1768. Arg. — Ens. 2 p. B.

44 Même droit. ℞. IVSTITIA ET CONCORDIA. 1773 (2 p.). — Variété
   de 1776. Arg. — Ens. 3 p. TB.

45 Ecu tenu par 2 lions. ℞. IVSTITIA ET CONCORDIA. 1780 dans une
   guirlande. Arg. — Ens. 2 p. TB.

46 *Quart de thaler.* Ecu tenu par 2 lions. ℞. DOMINE. etc. 1652
   (2 p.). — Ecu. ℞. 1812. Arg. — Ens. 3 p. B. et AB.

47 *Dicken.* Lion avec l'écu. ℞. CIVITAS IMPERIALIS. 1629. Aigle
   d'Empire. Arg. — Ens. 2 p. TB.

48 *Demi-gulden.* Ecu. ℞. DOMINE. etc. 1723 sur un cartouche. —
   Autre. 1748. — Autres. 1776 (2 p.). 1780 (2 p.). — XX
   SCHILLING. 1783. Arg. — Ens. 7 p. B. et TB.

49 *Quatre batz.* Ecu. ℞. PRO DEO ET PATRIA sur un cartouche. —
   Autres : 1656, 1677 (2 p.), 1712, 1745 (2 p.), 1747, 1751,
   1811 (2 p.). Arg. — Ens. 11 p. B.

50 *Divisions.* Arg., Billon et Cuivre. — Ens. 42 p. B.

51 *5 francs.* Tir de 1859. Arg. 3 p. TB.

52 Tir de 1872. Arg. 2 p. TB.

53 *Médailles.* Prix d'école sur flan octogonal. 1765. Arg. —
   Guerre du Toggenburg. 1712. Trophée. Arg. — Tir des
   enfants. Arg. — Tir de Winterthur. 1891. Arg. —
   Ens. 4 p. TB.

54 **Berne.** *Dix ducats.* MONETA REIPUBLICÆ BERNENSIS. Ecu couronné sur un cartouche entre un laurier et une palme.
   ℞. BENE : DICTUS SIT IEHOVA DEUS dans un cartouche ; au
   bas, 10 en creux. Or. TB. Rare.

55 *Quadruple ducat.* Même lég. Ecu couronné tenu par un
   ours et un lion debout. ℞. BENEDIC TVS. SIT IEHOVA DEVS sur
   un autel entre un homme et une femme se donnant la
   main. Or. TB. Rare.

56 Même droit varié. ℞. BENE. DICTVS. SIT IEHOVA. DEVS. 1680
   4 DVCAT : dans un cartouche. Or. TB. Rare.

57 RESPUBLICA BERNENSIS. Écu couronné, cerné de lauriers. ℟. BENEDICTUS SIT IEHOVA DEUS Couronne de laurier renfermant IV DUCAT 1796. Or. TB. Rare.

58 *Triple ducat.* MONETA. REIPVBLICÆ. BERNENSIS. Deux écus couronnés ; au bas. 3. ℟. BENEDICTUS. etc. 1707 sur une draperie tenue par un homme et une femme. Or. TB. Rare.

59 *Double ducat.* RESPUBLICA BERNENSIS. Écu carré couronné. ℟. BENE. etc. 1789 dans une boucle ovale ; dessous, 2 DUC. Or. TB.

60 *Ducat.* MONETA. AUR. REIPUB. BERNENS. Écu ovale couronné. ℟. BENE. etc. I. DUC dans un cartouche. Or. TB.

61 RESPVBLICA BERNENSIS. Écu couronné. ℟. BENE. etc. 1789. dans un ovale ; dessous, I. DUC. Or. TB.

62 Même droit varié. ℟. BENEDICTVS. etc. Guirlande renfermant I DVCAT 1794. Or. TB.

63 *Demi-ducat.* MONETA. REIPUB. BERNENS. Écu couronné. ℟. BENEDICTUS. etc. ½ DUCAT. 1719. dans un cartouche. Or. TB.

64 *Essai du Vierer.* MONETA BERNENSIS. L'ours bernois. ℟. DOMINUS PROVIDEBIT 1781. Croix cantonnée de flèches. Or. TB. Rare.

65 *Doublon.* Écu ovale couronné. ℟. DEUS PROVIDEBIT. 1793 dans une couronne de chêne. Or. TB.

66 Mêmes types, avec la date 1796. Or. B.

67 Écu en cœur couronné. ℟. Même lég. 1793. Suisse debout, tenant une hallebarde et un faisceau. Or. FDC. Rare.

68 *Thaler.* Ours passant à g. surmonté de l'aigle d'Empire ; au dessus, un demi-cercle de 7 écussons ; autour, un cercle de 20 écussons. ℟. SANCTVS. VINCENCIVS. 1494. Le Saint debout à g. dans une rosace. Arg. TB. Rare.

69 MONETA. REIPVBLICÆ BERNENSIS. Écu. ℟. BENEDICTVS. SIT. IEHOVA. DEVS. 1679. Huit **B** en forme de croix. Arg. TB.

70 RESPUBLICA BERNENSIS. Écu en cœur. ℟. DOMINVS PROVIDEBIT. 1795. Suisse debout. Arg. — Ens. 2 p. TB.

71 Mêmes pièces de 1795. Arg. — Ens. 2 p. B. et TB.

72 Autre de 1796. Arg. TB.

73 Variété ; le Suisse et l'écu dans une ellipse. 1798. Arg. B.

74 Autre variété. 1835. Arg. TB.

75 *Ecu de 6 livres* de Louis XV. 1765. Contremarqué de l'ours de Berne sur le droit et 40 BZ. au revers. Arg. B.

76 Autre de Louis XVI. 1775. Mêmes contremarques. Arg. B.

77 Autres de 1780 et 1790. Mêmes contremarques. Arg. — Ens. 2 p. B.

78 *Demi-thaler.* 1796 (2 p.) et 1797. Arg. — Ens. 3 p. B. et TB.

79 *Quart de thaler.* 1758 (2 p.), 1769 (2 p.), 1774 et 1797. Arg.— Ens. 6 p. B. et TB.

80 Mêmes pièces de 1797. Arg. — Ens. 4 p. TB.

81 *3o kreutʒer.* 1681, 1684, 1697 (2 p.), 1699 et 1706. Arg. — Ens. 6 p. B. et TB.

82 *Franc.* Suisse debout. 1811. Arg. — Ens. 2 p. TB.

83 *Dicken.* MONETA. NO. BERNENSIS. Ours passant à g. sous l'aigle d'Empire. ℞. Dans le champ : DVX. BERCH. ZERINGE. CONDITOR. BERNEN : ANNO. D. 1191. Arg. — Ens. 2 p., une TB. l'autre usée.

84 Même droit. ℞. + BERCH : D : ZERING : CONDIT : Croix entourée d'ornements. Arg. TB.

85 *2o kreutʒer.* Aigle. 1656 (2 p.), 1659 (2 p.) Couronne. 1681. Ange. 1684. Deux personnages. 1699 (2 p.). Bill. — Ens. 8 p. B.

86 Ours tenant un tableau. 1706 (3 p.), 1723 (3 p.), 1734 (3 p.), 1766 (3 p.). Arg. — Ens. 12 p. B et TB.

87 Grand B. 1716 (3 p.) et 1717 (3 p.). Arg. — Ens. 6 p. TB.

88 Valeur dans une couronne. 1755 et 1756 (2 p.). Huit B en croix. 1764. 1787 (3 p.), 1797 (2 p.) et 1798. Arg. — Ens. 10 p. TB.

89 *5 batʒen.* 1808, 1810 (3 p.), 1818 (2 p.), 1826 (6 p.). Arg. — Ens. 12 p. TB.

90 *12 kreutʒer.* 1620 (2 p.). Valeur sur une croix. 1620 (10 p.), 1621 (3 p.). Bill. — Ens. 15 p. B. et TB.

91 *10 kreutʒer.* PRÆMIUM. etc. 1681, 1684, 1700 (6 p.). Grand B. 1716 (2 p.). 1717. Valeur dans une couronne. 1756 (4 p.). Huit B. 1777, 1778 (2 p.), 1790 (3 p.), 1797 (5 p.). Arg. — Ens. 26 p. B. et TB.

92 2 ¼ batʒ. *Batʒ. Demi-batʒ* et diverses divisions. Bill. — Ens. 85 p. B. et TB.

93 *Plappart.* Lég. gothique. 2 p. Lég. latine. 10 p. Autres pièces. 21 p. Bill. — Ens. 33 p. la plupart B. et TB.

94 *5 francs.* Tir de 1857. Arg. — Ens. 2 p. TB.

95 Autre de 1857. — Tir de 1885. 2 p. Arg. — Ens. 3 p. TB.

96 *Médaille de tir.* ALLE NACH EINEN ZIELE. Faisceau de fusils. ℞. Z. ANDENKEN. etc. 1830. Couronne de chêne avec IMMER BEREIT. Arg. 29%. TB.

97 *Sechzehnerpfennig* (Double thaler). SENATVS ET. SE DECIM. VIRI. REIPUB : BERNENSIS. Ours passant à g. ℞. LIBERTAS. LIBERIS. CVRÆ. Deux mains tenant un sceptre et une épée traversant une couronne de chêne. Sur la tranche : CONCORDIA. etc. 1733. Arg. TB.

98 La même pièce de 1734. Arg. TB.

99 (Thaler simple). Même lég. Ecu tenu par 2 ours ; au bas : CR. 120. ℞. Le précédent. 1684. Arg. TB.

100 Même lég. Ours passant à g. dans une rosace. ℞. Le précédent. 1697. Arg. TB.

101 La même pièce datée, datée 1700. Arg. TB.

102 *Sechzehnerpfennig.* 1776. HOC. PROTECTORE. TUTUS. Ours dégaînant une épée et singe sur une écrevisse. ℞. AD UTRUMQUE PARATUS. Sceptre et épée. Arg. 37 ‰. TB.

103 *Sechzehnerpfennig* par Dassier. Ours tenant l'écu sur des armes. ℞. FELICITAS REIPUBLICÆ. Figure allégorique près d'un autel. Arg. 57 ‰. TB.

104 Autre par Bürger. Ours tenant l'écu sur des emblèmes de paix et de guerre. ℞. FELICITAS PUBLICA. Même type varié. Arg. 57 ‰. TB.

105 *Conseil de surveillance du gymnase.* Écu. ℞. Un jardin. Arg. 42 ‰. — *Prix de diligence.* Module du thaler. Temple sur une montagne. Arg. — Ens. 2 p. TB.

106 *Prix de l'Académie.* Maître et élève près d'un temple. Arg. 41 ‰. — Variété. Le temple sur une montagne. — *Prix d'école.* Jardinier. 4 p. variées. Arg. — Ens. 6 p. B. et TB.

107 Prix d'école à la ruche. Arg. 35 ‰. *Haller.* Buste à g. 1828. Arg. — Pièces diverses. 4 p. Arg. et 1 Plomb. *Thoune.* Camp de 1842. Arg. — Ens. 8 p. TB.

108 **Lucerne.** *12 münzgulden.* RESPUBLICA LUCERNENSIS. Écu couronné. ℞. 12 MZ : GL : 1794. dans une couronne de laurier. Or. TB.

109 *Thaler.* SANCTVS. LEODIGARIVS. P. Saint Léger debout. ℞. MONETA. NOVA. LVCERNENSIS. 1622. Aigle d'Empire avec les armes de Lucerne en cœur. Arg. B.

110 CANTON LUZERN. 1814. Écu couronné. ℞. SCHWEIZER EIDSGENOSSEN — 4 FRANKEN. Suisse debout. Arg. — Ens. 2 p. l'une TB. l'autre usée.

111 La même pièce de 1814. Arg. TB.

112 *Demi-thaler*. Écu. 1714. ℞. AUXILIO DEI PROSPE RE. Cartouche
(2 p.). Autre. Croix de huit L. 1795. Arg. — Ens. 3 p. B.

113 *Dicken*. Buste à dr. ℞. Aigle. 1613. — Variété. 1623. *Demi-
dicken*. Buste. ℞. Écu. 1623. (2 p.). Arg.—Ens. 4 p. AB. et B.

114 *40 kreutzer* et divisions. Arg. et Bill. — Ens. 23 p. B. et TB.

115 *Prix d'école*. Écu dans un cercle d'écussons. ℞. Inscription
dans une gloire. Arg. 42 ᵐ⁄ₘ. *Prix de littérature*. Minerve
couronnant un écolier. Arg. 37 ᵐ⁄ₘ. et bélière. — Ens. 2 p.
Très belles.

116 *Médaille de mérite*. Écu couronné. ℞. Vieillard conduisant
un enfant vers un temple sur une montagne. Arg. 53 ᵐ⁄ₘ.
TB. *Médaille* s. d., par Schwendimann. Arg. 31 ᵐ⁄ₘ. —
Ens. 2 p.

117 *Tir fédéral*. 1853. Ange couronnant Arnold de Winkelried.
Arg. 41 ᵐ⁄ₘ. *Anniversaire de Sempach*. Victoire à dr. Arg.
32 ᵐ⁄ₘ. — Ens. 2 p. TB.

118 **Beromunster**. *Michaels gulden*. BERO. COM. DE. LENZB. ECCL.
BERON. FUNDAVIT. Aᵒ. 720. Écu heaumé. ℞. Sᵗ Michel fou-
droyant le démon. Arg. doré, entouré d'un cercle. —
Variétés, 3 p. Arg. — Ens. 4 p. B. et TB.

119 **Uri et Unterwald** (pour Bellinzona). *Cavalotto*. + VRANIE :
ET. VNDERVALDI. Les 2 écus surmontés de l'aigle d'Empire
couronné. ℞. + S. MARTINVS : EPISCOPVS. Le Saint à cheval
et le pauvre. Arg. B.

120 *Schilling*. VRANI + VNDERVAL. Les 2 écus sous l'aigle. ℞. SANCT.
MARTIN. Le saint debout. Bill.

121 **Uri**. *Dicken*. MO. NO. VRANIENSIS. 1615. Aigle d'Empire sur
l'écu d'Uri. ℞. SANCT' MARTIN' EPIS. Buste à dr. Arg. B.

122 *2 batz*. 1811. — *Alliance* du Valais avec les cantons catholiques à Uri. 1696. Bill. — Ens. 2 p. AB.

123 *Médaille de Guillaume Tell*. Arg. coulé 37 ᵐ⁄ₘ. *Médaille des
Corps-francs*. 1845. Arg. 30 ᵐ⁄ₘ. *Nicolas de Flue*. Buste à
dr. Arg. 47 ᵐ⁄ₘ. — Ens. 3 p. TB.

124 **Schwytz**. *Oertli*. Écu. 1672. ℞. Aigle d'Empire. Bill. —
Ens. 4 p. B.

125 Monnaies divisionnaires. Bill. et Cuivre. — Ens. 35 p. B.

126 *5 francs*. Tir de 1867. Arg. — Ens. 4 p. TB.

127 **Unterwald** (Obwald). *Ducat*. B. NICOLAVS — DE FLVE. Le Bien-
heureux agenouillé à dr. ℞. DUCATUS REIPVBL : SUBSYLV :
SUPERIOR. 1730 sur un tableau encadré d'ornements. Or. B.

128 Même type varié. Ducat de 1787. Or. TB.

129 *20 kreutzer*. 5 p. et divisions. 6 p. Bill. — Ens. 11 p.

130 *5 francs*. Tir de 1861. Arg. 3 p. TB.

131 **Glaris**. *15 schilling*. 1814. Écu. Bill. TB.

132 *40 batz*. Du tir de 1847. Arg. TB.

133 *Médaille du tir fédéral*. 1892, par Huguenin. Arg. 45‰. TB.

134 **Zoug**. *Thaler*. 1621. Ange avec l'écu. ℞. cvm. his. etc. Aigle d'Empire. Arg. AB.

135 *Demi-thaler*. Mêmes types. 1620 et 1621. Arg. — Ens. 2 p. B. et TB.

136 *Dicken*. mon. no tvgi — san osw. 1610. Buste à dr. ℞. cvm. etc. Aigle. Arg. TB.

137 Autre de 1612. Arg. 2 p. TB.

138 Autre de 1617. Arg. TB. *20 kreutzer*. Billon. — Ens. 2 p.

139 *5 francs*. Tir de 1869. Arg. — Ens. 3 p. TB.

140 *Médaille du tir de 1827*. La Justice et Minerve au pied d'un monument. ℞. Vue de Zoug. Arg. 41‰. TB. *Ossuaire de Morat*. Arg. 30‰. B. — Ens. 2 p.

141 **Fribourg**. *4 francs*. Suisse debout. ℞. Écu. 1813. Arg. FDC.

142 La même pièce de 1813. . .B.

143 *Demi-thaler*. 1796 et 1797 (2 p.). Arg. — Ens. 3 p. TB.

144 Monnaies divisionnaires. Arg. et Bill. — Ens. 26 p.

145 *5 francs*. Tir de 1881. Vue de Fribourg. Arg. — Ens. 2 p. TB.

146 Mêmes pièces de 1881. Arg. — Ens. 2 p. TB.

147 **Sarine et Broye**. *42 kreutzer*. Faisceau. ℞. liberté égalité. 1792. Valeur dans une couronne. Bill. AB.

148 **Soleure**. *Doublon*. respublica solodorensis. Écu couronné. ℞. s. ursus martyr. 1796. Le Saint debout, tenant un drapeau. Or. B.

149 *4 franken*. Écu couronné. 1813. ℞. Suisse debout. Arg. TB.

150 *20 batz*. Écu. ℞. cvncta per deum. 1795. Croix et S enlacés (2 p.). — Autre de 1793. Arg — Ens. 3 p. TB.

151 *Dicken*. moneta. soloderens. Ecu surmonté d'un aigle. ℞. sanctvs + vrsvs : mar. Buste nimbé à dr. Arg. — Ens. 3 p. B.

152 *Quart de thaler*. 1794 (2 p.). Arg. — Monnaies divisionnaires. Arg. et Bill. 15 p. — Ens. 17 p.

153 Autres divisions. Bill. et cuivre. — Ens. 26 p.

154 *5 francs*. Tir de 1855. Type de la femme assise. Sur la tranche : eidgen. freischiesen. solothurn. 1855. Arg. TB.

155 *Médaille de tir de 1890.* Trophée. ℞. L'héroïsme de
Wengi. Arg. 45 ℳ. *Tir de 1840.* Jeton arg. et 1 p. cuivre.
— Ens. 3 p. TB.

156 **Bâle** (la Vllle). *Florin.* MONETA. NO. BASILIEN'. La Vierge et
l'Enfant Jésus de face. ℞. + SIGISMVD' RO'NORVM IMPATOR.
Globe crucigère dans un trilobe. Or. B.

157 *Doublon.* RESPVBLICA BASILIENSIS. 1795. Ecu. ℞. DOMINE CON-
SERVA NOS IN PACE dans une couronne de chêne. Or: TB.

158 *Double thaler.* Vue de la ville; dessus, BASILEA dans un cartouche. ℞. DOMINE. CONSERVA. NOS. IN. PACE. autour du
Baselstab; le tout dans un cercle des 8 écussons des
baillages. Arg. TB. Poli.

159 *Thaler.* MONETA. NOVA. VRBIS. BASILIEN. 1622. Le Baselstab.
℞. DOMINE. etc. Aigle éployé. Arg. TB.

160 Même lég. et type, la date 1640 dans le champ. ℞. Le précédent. Arg. B.

161 DOMINE. etc. Basilic tenant l'écu bâlois dans un entourage
de 8 écus. ℞. BASILEA. Vue de la ville et du pont. Arg. —
— Ens. 2 p. TB.

162 Même lég. Basilic tenant l'écu de la ville; au-dessus,
BASILEA sous 8 écus; au bas, 1741. Arg. — Ens. 2 p.
B. et TB.

163 Variété, BASILEA. 1785 à l'exergue. — Autre vue de la villé;
au bas, BASILEA. 1793. Arg. — Ens. 2 p. B.

164 *Demi-thaler.* Le Baselstab entouré de 8 écussons. ℞. BASI-
LEA. Vue de la ville. Arg. — Ens. 2 p. TB.

165 Basilic tenant l'écu. ℞. Vue de la ville. 1741 et 1786. Arg.
— Ens. 2 p. TB.

166 *Tiers de thaler.* 1764. *Quart de thaler.* Sans date (3 p.) et
1740. Arg. *Double as.* 8 p. Bill. — Ens. 13 p.

167 *Sixième de thaler.* 1766. *5 batz* et divisions. Arg. et Bill.
— Ens. 38 p. B.

168 *5 francs.* Tir de 1879. Arg. — Ens. 4 p. TB.

169 *Médaille militaire.* HELVETIAE CONCORDI. La Suisse debout
à g. ℞. RAURICA. etc. MDCCXCII. Autel allumé. Etain.
41 ℳ. TB.

170 *Médaille du tir de 1844.* Guerrier mourant. Arg. 37 ℳ.
(2 p.). *Prix d'école* (2 p.). — Vue de la ville. 1643. Arg.
— Médaillette flan carré. Arg. — Ens. 6 p. TB.

171 **Bâle** (Evêché). *Jean-Conrad.* 6 p. *Joseph* 11 p. *Bractéates* suisses diverses. 30 p. variées. Bill. — Ens. 47 p.

172 *Médaille des deux frères.* Bustes accolés. 1724. Arg. *Joseph.* Restauration de la monnaie. 1788. Arg. Octogone. *Tir de Saint-Gall.* 1874. Etain. — Ens. 3 p. B.

173 **Schaffhouse.** *Thaler.* 1621. Bélier sortant d'un édifice. R. Aigle. *Dicken.* 1614 et 1631. Arg. — Ens. 3 p.

174 Autres. 1631 (2 p.) et 1634. Arg. *15 kreutzer.* 4 p. et divisions. 7 p. Bill. — Ens. 14 p. B.

175 *5 francs.* Tir de 1865. Arg. — Ens. 4 p. TB.

176 **Appenzell.** *4 franken.* CANTON APPENZELL. 1812. Ecu ; 'audessous : IEDEM DAS SEINIGE. R. Suisse debout. Arg. TB.

177 Variété. Ours entre deux palmes. 1819. Arg. TB. *15 kreutzer.* 1628. Bill. — Ens. 2 p.

178 **Saint-Gall** (Ville). *Thaler.* NO. NOVA. CIVIT : SANGALLENSIS. 1620. Ours dressé à g. R. SOVI. DEO. OPT. MAX. LAVS. ET. GLORIA. Aigle d'Empire. — Autre de 1621. Arg. — Ens. 2 p.

179 Même pièce de 1621. Arg. B.

180 *Dicken.* Même ours. R. SANCTVS. OTHMARVS. 1503. Aigle. Arg.

181 *5 batz* et divisions. Bill. et cuivre. Ens. 27 p. B.

182 *5 francs.* Tir de 1874. Arg. TB.

183 **Saint-Gall** (Abbaye). *Béda de Hagenwyl.* Thaler de 1777. Arg. TB.

184 Variété de 1780. *Demi-thaler.* 1776. Arg. *20 kreuzer.* 1774 (2 p.) *5 kreuzer.* 1774. Bill. — Ens. 5 p.

185 **Grisons.** *Doublon.* CANTON GRAU-BUNDEN. Trois écus réunis en pointe. R. 16 SCHWEIZER FRANKEN 1813 dans une couronne de chêne. Or. FDC.

186 *5 batz.* 1820 et 1826. *Batz.* 1816 et 1826. Bill. — Ens. 4 p. B.

187 *4 francs.* Tir de 1842. Arg. — Ens. 3 p. TB.

188 **Coire** (Evêché). *Ulrich VI de Mont.* 2/3 thaler. 1690. B. *15 kreutzer.* 1688. *Divisions.* 3 p. Bill. — Ens. 5 p.

189 **Misocco.** *Jean-Jacques Trivulce.* Grosso au St Georges. Arg. 4 p.

190 *Parpaiole, soldino* et divisions. Arg. et Bill. — Ens. 7 p.

191 **Argovie.** *4 franken.* Suisse debout. R. Ecu. 1812. Arg. TB.

192 *20 batz.* Suisse assis. 1809. R. Ecu. Arg. — Ens. 2 p. B.

193 *5 batz.* 9 p. Arg. *1 batz.* 7 p. *1/2 batz.* 4 p. *Kreutzer.* 4 p. Bill. — Ens. 24 p. TB.

194 *Prix de l'Instruction publique.* 1801. Arg. *Médaille de mérite.* Minerve assise à g. Arg. 33 $^{m/m}$. *Tir d'Aarau.* 1849. Arg. 37 $^{m/m}$. — Ens. 3 p. B. et TB.

195 *Paix d'Aarau 1712 et de Bade 1718.* Trois écus. ℞. La Paix assise. Arg. 36 $^{m/m}$. TB.

196 **Zofingen.** *20 kreutzer.* Ours passant sur l'écu de la ville. ℞. DEUS PROVIDEBIT. 1722. entre 2 palmes. Arg. TB.

197 *10 kreutzer.* Mêmes types. Bill. TB.

198 *Batz* et divisions. Bill. — Ens. 4 p. TB.

199 *Prix de catéchisme.* CATECHISMUS PFENNING. ZOFINGEN. Ecu. ℞. SELIG. etc. dans une couronne. Arg. 33 $^{m/m}$. TB.

200 **Thurgovie.** *Batz.* 1809. 3 p. *Demi-batz.* 1808. Bill. — Ens. 4 p. B.

201 *Tir fédéral* à Frauenfeld. 1890. Arg. 45 $^{m/m}$. TB.

202 **Tessin.** *4 franchi.* Ecu. 1814. ℞. Suisse debout. Arg. B.

203 La même pièce de 1814. Arg. B.

204 *1 franco.* 1813. Arg. *3 soldi.* 3 p. *6 denari.* 2 p. *3 denari.* 4 p. Bill. et cuivre. — Ens. 10 p. TB.

205 *5 francs.* Tir de Lugano. 1883. Arg. TB.

206 *Médaille du Saint-Gothard.* 1880, donnée aux ouvriers. Arg. 37 $^{m/m}$.

207 **Valais** *et Evêché de Sion.* Monnaies divisionnaires. Bill. — Ens. 15 p.

208 *Alliance du Valais* avec les cantons catholiques. Sion. 1780. Arg. 38 $^{m/m}$. TB.

209 **Vaud.** *40 batz.* Ecu. 1812. ℞. Suisse debout. Arg. TB.

210 *20 batz.* 1810. *10 batz.* 1810 et 1823. Arg. — Ens. 3 p. TB.

211 *Franc.* 1845. 3 p. Arg. *5 batz.* 6 p. *Batz.* 14 p. *1/2 batz.* 3 p. Bill. — Ens. 26 p. B. et TB.

212 *5 francs.* Tir de 1876 à Lausanne. Arg. — Ens. 4 p. TB.

213 *Médaille du tir de Lausanne.* 1876. Etain. 46 $^{m/m}$. *Tir de Morges.* 1891. Etain. 45 $^{m/m}$. *Médaille du Centenaire.* 1897. Arg. 37 $^{m/m}$. *Prix d'école de Vevey.* 2 p. Arg. et 1 étain. — Ens. 6 p. TB.

214 **Lausanne** (Evêché). *Denier.* ✝ SEDES LAVSANE. Temple. ℞. ✝ CIVITAS EQ. STRI. Croix. Bill. — Ens. 4 p.

215 **Neuchâtel.** *Marie d'Orléans.* 20 kreutzer au buste. 1693. Arg. — Ens. 4 p. AB. et B.

216 Autres. 2 p. *16 kreutzer*. Ecu. 1694. 4 p. Arg. — Ens. 6 p.. B. et TB.

217 *Frédéric I*. Thaler. FRID. D. G. R. BOR. ET. EL. S. P. AR. NEOC. ET. VAL. Buste lauré et cuirassé à dr. ℞. SVVM. CVIQVE. 1713. Ecu couronné. Arg. B.

218 *Frédéric-Guillaume III*. 21 batz. Buste à g. 1799. ℞. Ecu tenu par deux sauvages. Arg. B.

219 La même pièce. Arg. TB.

220 **Batz et** demi-batz. Bill. — Ens. 23 p. B. et TB.

221 *Alexandre **Berthier**.* Essai de 5 francs, frappe moderne. Arg. TB.

222 Essai de 2 francs. 1814. Même type. Bronze. TB. — Batz et divisions. Bill. 6 p. — **Ens.** 7 p.

223 *5 francs*. Tir de 1863 à La-Chaux-de-Fonds. Arg. — Ens. 2 p. TB.

224 *Médaille de mérite*. 1831. Arg. 24$^{m}_{m}$. *Médaille du tir de La-Chaux-de-Fonds*. 1886. Arg. 46$^{m}_{m}$. *Tir du Locle*. 1892. Arg. 45$^{m}_{m}$. *Guillaume Farel*. Buste à dr. Jeton. **Arg.** — Ens. 4 p. TB.

225 **Genève**. *Pistole*. RESPUBL. GENEVEN. Ecu sommé d'une gloire. ℞. POST TENEBRAS LUX. 1762. Soleil. Or. TB.

226 *Vingt francs*. POST. TENEBRAS. LUX. Champ armorié. ℞. REP. ET CANT. DE GENEVE. Dans le champ 20 FRANCS. 1848. Or. TB.

227 La même pièce. Or. TB.

228 *Dix francs*. Mêmes types avec 10 FRANCS. 1848. Or. TB.

229 *Thaler*. RESPUBLICA GENEVENSIS. Armes surmontées d'un soleil. ℞. POST TENEBRAS LUX. 1723. Double aigle couronnée. Arg. — Ens. 2 p. B.

230 *Génevoise*. ℞. APRÈS LES TENEBRES LA LUMIERE : L'AN III DE L'ÉGALITÉ. 1794. Arg. — Ens. 2 p. B.

231 *Gros écu* de 12 florins 9 sols. 1795 et 1796. *Petit écu* de 6 florins 4 sols 6 deniers. 1795 (2 p.). Arg. — Ens. 4 p. B.

232 Monnaies divisionnaires variées. Arg. et Bill. — Ens. 36 p.

233 *5 francs*. Napoléon. An 13, frappé à Genève. Arg. B.

234 *Dix francs*. POST TENEBRAS LUX. Ecu. ℞. REPUBLIQUE ET CANTON DE GENÈVE. Dans une couronne : 10 FRANCS. 1848. Arg. TB.

235 La même pièce de 1851. Arg. TB.

236 Autre de 1851. Arg. TB.

237 *5 francs.* Mêmes types, 1848 (2 p.). Arg. *25 centimes.* 1839
(3 p.). *Sol.* 1825. *6 deniers.* 1833. Bill. — Ens. 6 p. TB.

238 *Médaille du tir fédéral.* 1851. Arg. 38 $\frac{m}{m}$. 2 p. *Tir de 1887.*
Arg. oxydé. 45 $\frac{m}{m}$. — Ens. 3 p. TB.

239 *Prix de littérature du collége.* Arg. 41 $\frac{m}{m}$. (3 p.). *Prix de
l'Institut Privat.* Ruche. Arg. 36 $\frac{m}{m}$. *Plaque.* Arg. troué.
Jeton. 1856. Cuivre. — *Canal de Roanne.* Jeton octog.
Arg. — Ens. 7 p. TB.

240 *Société suisse de numismatique.* Genève, 1893; Neuchâtel,
1894; Lucerne, 1895; Genève, 1896; Coire, 1897. Arg. —
Ens. 5 p. TB.

241 *Médailles diverses.* Main dans un cercle d'écussons. ℞. Sept
écussons. Arg. coulé. 77 $\frac{m}{m}$. — Le serment du Grutli. Arg.
doré, coulé. 43 $\frac{m}{m}$. 2 p. — Médaille de 1815. Arg. 28 $\frac{m}{m}$. —
Ens. 4 p.

242 *Médaille-boîte.* Prince exhortant à l'émigration. ℞. Départ
des émigrants. 45 $\frac{m}{m}$. TB.

243 **France.** *Charles V.* Franc-à-pied (Hoffmann 2). Or. B.

244 *Louis XIV.* Double louis. 1690 (H. 28). Rennes. Or. B.

245 *L'Italie délivrée à Marengo.* 20 francs. An 10. Or. TB.

246 *Joachim Napoléon.* 40 lire. 1813. Or.

247 *Marie-Louise.* 40 lire 1815. Or.

248 — 20 lire. 1815. Or. TB.

249 *Louis XVIII.* 20 francs. 1814. Paris. Or. TB.

250 **Pays-Bas.** *François II.* Double souverain. 1796. Or. B.

251 **Autriche.** *François-Joseph.* Quadruple ducat. 1874. Or.
FDC.

252 **Mayence.** *Conrad.* Florin de Bingen. Or.

253 *Jean-Philippe de Schönborn.* Ducat. 1657. Or.

254 **Nassau-Weilbourg.** *Charles-Auguste.* Ducat. 1750. Or. FDC.

255 **Savoie** *Charles-Emmanuel I.* Ducat à la Madone. 1602. Or.

256 **Lombardie.** *Gouvernement provisoire.* 40 lire 1848. Or. TB.

257 — La même pièce. Or. TB.

258 **Venise.** *Gouvernement provisoire.* 20 lire. 1848. Or. TB.

259 **Turquie.** Livre turque. 2 p. — Demi-livre. Or. — Ens. 3 p.

260 **Etats-Unis.** Quart de dollar. Sans date. Or. TB.

261 **Mexique.** *Maximilien.* 20 pesos. Mexico. 1866. Or. TB.

262 **Divers.** Lot de jetons français modernes. Arg. — Ens. 12 p.

263 Autre lot. Arg. — Ens. 12 p.

264 Ecus divers, principalement français. Arg. — Ens. 14 p.

265 Médaille de Thiers. ℞. Camp de Satory. Pièce de fantaisie.
Arg. TB.

266 Médailles papales, écus et divisions. Arg. Ens. 10 p.

267 Thalers, écus et divisions. Arg. — Ens. 14 p.

268 Autre lot. Arg. — Ens. 14 p.

269 Lot de médailles et pièces variées. Arg. et Bill.

270 Salzbourg. Siège vacant. 1772. Arg. 56$\frac{m}{m}$. TB.

271 Munster. Siège vacant. 1801. Arg. 55$\frac{m}{m}$. TB.

272 Service du Conseil des 500. Br. 58$\frac{m}{m}$. Anneau. TB.

273 Napoléon III. Exposition d'agriculture. Paris. 1855. Arg.
60$\frac{m}{m}$. TB.

274 Statue de Napoléon I à Rouen. 1865. Arg. 63$\frac{m}{m}$. TB·

275 Conseil d'Etat. 1852. Arg. 50$\frac{m}{m}$. TB.

276 Exposition universelle. 1862. Arg. 50$\frac{m}{m}$. TB.

277 Boite en forme de livre renfermant 10 clichés étain : Siège
de la Bastille, Passage du St-Bernard, Napoléon, Joséphine, Marie-Louise, etc.

278 Grand lot de monnaies diverses. Bill., Nickel et Cuivre.

279 Lot de jetons divers. Cuivre et Etain.

280 Lot de médailles et jetons suisses. Cuivre et Etain.

281 Lot de médailles diverses. Cuivre et Etain.

282 — Autre lot. Cuivre et Etain. Balance et poids anciens.

283 Lot de médailles françaises. Cuivre et Etain.

284 Grand lot de médailles de la guerre de 1870-1871; la plupart en étain. (A diviser.)

285 Grand lot de cartons à médailles. (A diviser.)

9 782329 356303